＊この絵本の内容は、1970 年代半ばの取材当時のものです。
特別復刊に際し、飯島 学さま（京浜急行電鉄株式会社）に
ご協力いただきました。

でんしゃがはしる

やまのてせん　でんしゃは、
とうきょうの　まちを
ぐるぐる　まわる。

山本忠敬さく・え

福音館書店

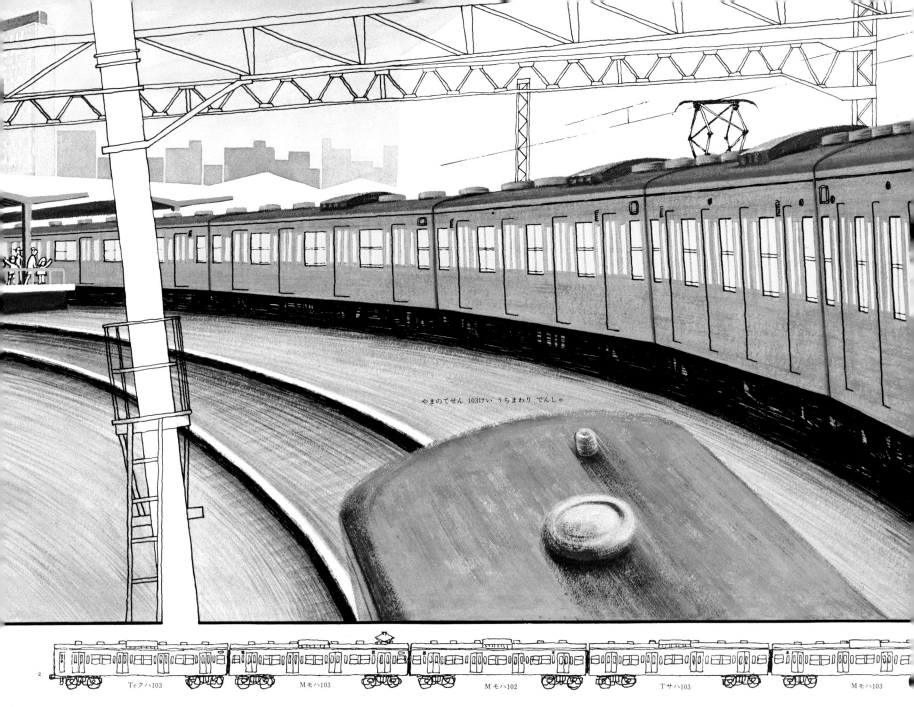

やまのてせん 103けい うちまわり でんしゃ

Tcクハ103　　Mモハ103　　Mモハ102　　Tサハ103　　Mモハ103

やまのてせん 103けい そとまわり でんしゃ

やまのてせん　でんしゃは、10りょう
へんせいの　こくてつ　でんしゃ。
　あさはやくから　よるおそくまで、
はしり　つづける。
　そとまわり　でんしゃ、しゅっぱつしんこう！

Ｍ モハ102　　　Ｔ サハ103　　　Ｍ モハ103　　　Ｍ モハ102　　　Ｔｃ クハ103

しながわえきを　でて、けいひんきゅうこうせんと
りったいこうさ。

けいひんきゅうこうせん
600 がた　とっきゅう　でんしゃ

しながわ　　とうかいどうせん。そうぶせん。けいひんとうほくせん。
　　　　　　けいひんきゅうこうせん。　　　　　　　　のりかえ

もうすぐ、おおさきえき。

かもつれっしゃが　やってきた。

やまてかもつせん
EF15　でんききかんしゃ

EF1581

おおさき

5

とうきゅう・いけがみせん
3000けい でんしゃ

ごたんだえきで、いけがみせんと
りったいこうさ。

ごたんだ　とうきゅう・いけがみせん。とえいちかてつ・1ごうせん。
のりかえ

めかません　でんしゃと　いっしょに、
めぐろえきに　すべりこむ。

とうきゅう・めかません
3000けい　でんしゃ

めぐろ　とうきゅう・めかません。
のりかえ

とうきゅう・とうよこせん
7000けい きゅうこう でんしゃ

えびすえきを　でて、とうよこせんと
りったいこうさ。
つぎは　ターミナル・しぶやえき。

桜木町 12
8514

とうきゅう・とうよこせん
8500けい でんしゃ

渋谷
7015

急行

えびす　ちかてつ・ひびやせん。
のりかえ

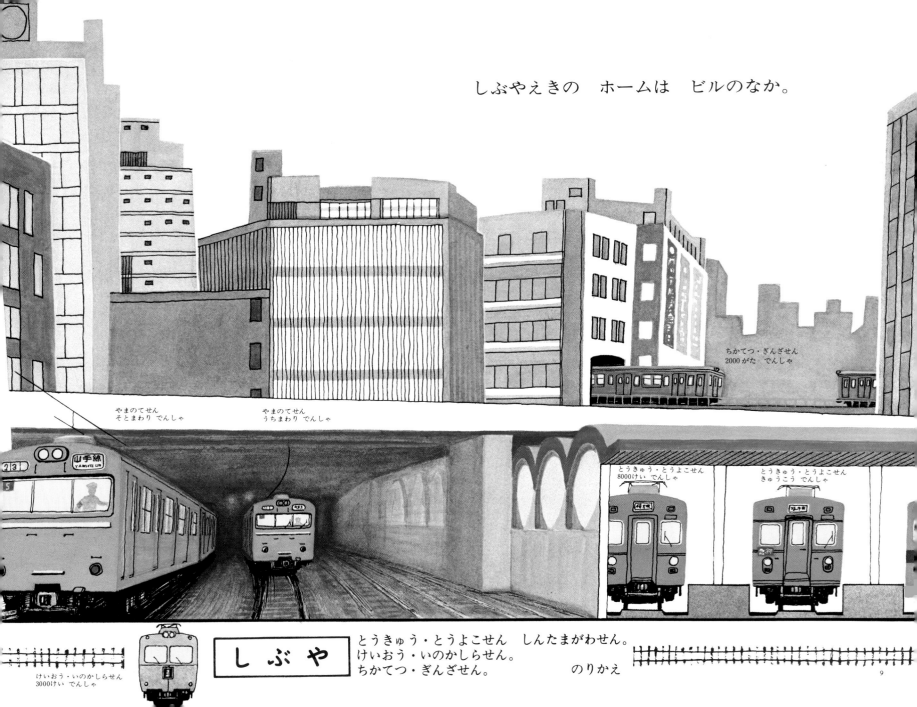

しぶやえきの　ホームは　ビルのなか。

ちかてつ・ぎんざせん
2000 がた　でんしゃ

やまのてせん
そとまわり　でんしゃ

やまのてせん
うちまわり　でんしゃ

とうきゅう・とうよこせん
8000けい　でんしゃ

とうきゅう・とうよこせん
きゅうこう　でんしゃ

けいおう・いのかしらせん
3000けい　でんしゃ

しぶや

とうきゅう・とうよこせん　しんたまがわせん。
けいおう・いのかしらせん。
ちかてつ・ぎんざせん。

のりかえ

9

ちゅうおうせん
101けい　かくえきていしゃ

ちゅうおうせん
103けい　かいそく　でんしゃ

よよぎえきから、ちゅうおうせん　でんしゃと
ならんで　はしる。

やまのてせん
うちまわり　でんしゃ

はらじゅく　ちかてつ・ちよだせん。
のりかえ　よよぎ　ちゅうおうせん。
のりかえ

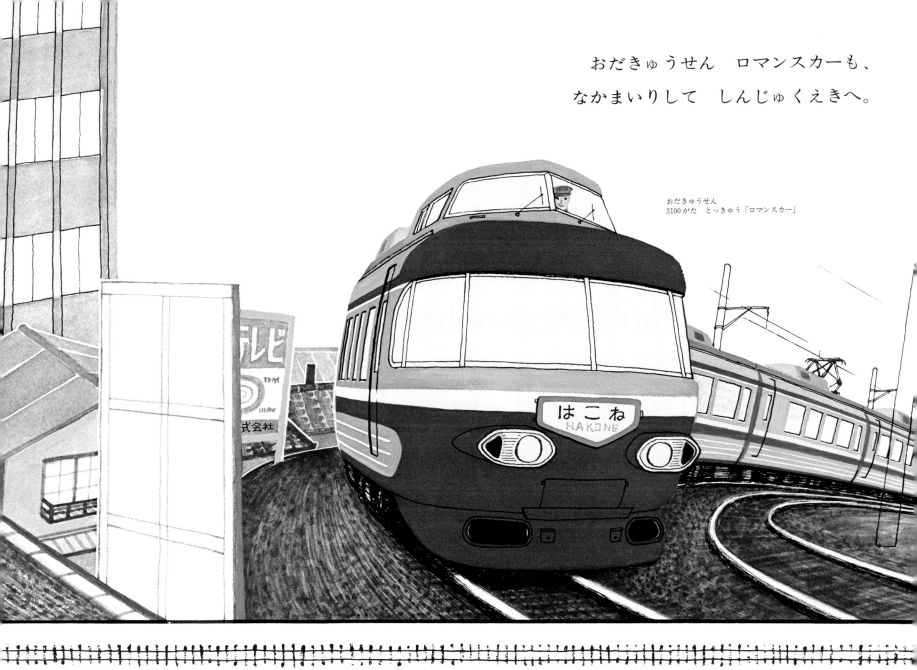

おだきゅうせん　ロマンスカーも、
なかまいりして　しんじゅくえきへ。

おだきゅうせん
3100がた　とっきゅう「ロマンスカー」

ターミナル・しんじゅくえき、
9ばんホームに　すべりこむ。
　たくさんの　れっしゃ　でんしゃが、
はっちゃくしている。

10　9　8　7

おだきゅうせん
5000がた　でんしゃ

おだきゅうせん
とっきゅう「ロマンスカー」

ちゅうおうせん
かくえきていしゃ

やまのてせん
そとまわり　でんしゃ

やまのてせん
うちまわり　でんしゃ

ちゅうおうせん
かくえきていしゃ

けいおうせん
6000けい　でんしゃ

しんじゅく

6 5 4 3 2 1

うおうせん
ぞく でんしゃ
そうぶせん
165けい きゅうこう でんしゃ
ちゅうおうせん
103けい とくべつ かいそく でんしゃ
ちゅうおうせん
115けい でんしゃ
113けい でんしゃ
ちゅうおうせん
189けい とっきゅう「あずさ」

ちゅうおうせん。おだきゅうせん。けいおうせん。せいぶ・しんじゅくせん。
ちかてつ・まるのうちせん。　　　　　　　　　　　　　のりかえ

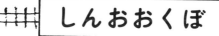

しんおおくぼ

13

せいぶ・しんじゅくせん
2000けい じゅんきゅう でんしゃ

せいぶ・しんじゅくせん
701けい でんしゃ

しんじゅくえきを でてから、
せいぶ・しんじゅくせん でんしゃと
ならんで はしる。
たかだのばばえきを すぎて、
りったいこうさ。

たかだのばば　せいぶ・しんじゅくせん。ちかてつ・とうざいせん。
のりかえ

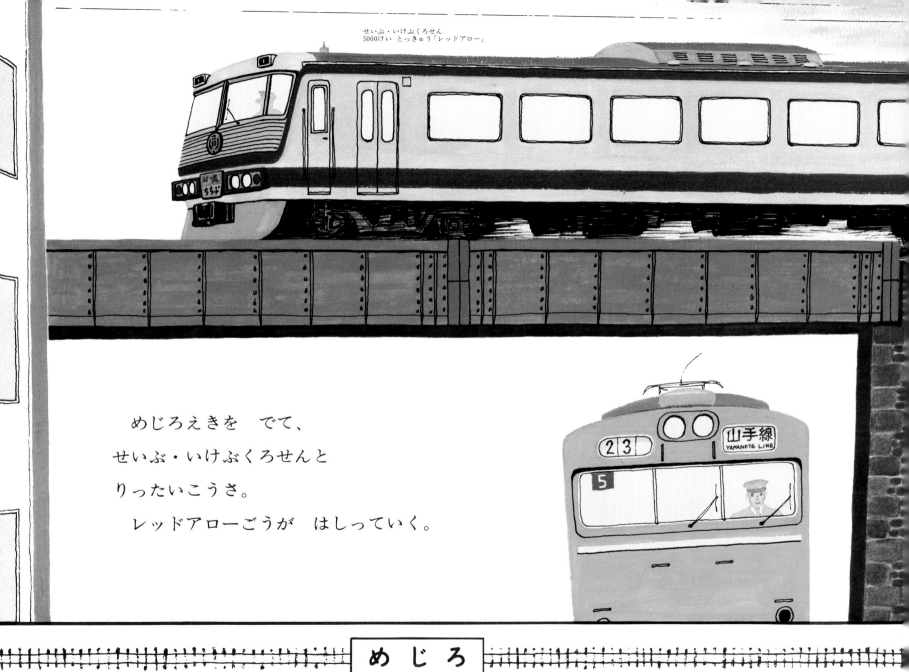

せいぶ・いけぶくろせん
5000けい とっきゅう「レッドアロー」

めじろえきを　でて、
せいぶ・いけぶくろせんと
りったいこうさ。
レッドアローごうが　はしっていく。

山手線
YAMANOTE LINE
2 3
5

めじろ

ターミナル・いけぶくろえきに　つく。

おなじ　ホームに　あかばねせん　でんしゃ。

あかばねせん
101けい　でんしゃ

とうぶ・とうじょうせん
8000けい　きゅうこう　でんしゃ

いけぶくろ

あかばねせん。せいぶ・いけぶくろせん。とうぶ・とうじょうせん。
ちかてつ・まるのうちせん　ゆうらくちょうせん。　　　のりかえ

おおつかえきの　ガードのしたを
めんでんしゃが、はしっていく。
とうきょうに　たくさんあった
でんも、いまでは
の　あらかわせんだけだ。

とうきょうとでん・あらかわせん
しん 7000がた ワンマンカー

とうきょうとでん・あらかわせん
きゅう 7000がた でんしゃ

おおつか　とでん・あらかわせん。
のりかえ

17

たばたえきから、ならんで はしる でんしゃは、
けいひんとうほくせん。
　にっぽりえきを　すぎて、けいせいせんと
りったいこうさ。

けいひんとうほくせん
103けい でんしゃ

すがも　とえいちかてつ・6ごうせん。のりかえ　こまごめ　たばた　けいひんとうほくせん。のりかえ

けいせいせん
AEがた くうこう とっきゅう
「スカイライナー」

とうほくせん
485けい とっきゅう「ひばり」

けいせいせん でんしゃ

にしにっぽり　ちかてつ・ちよだせん。のりかえ

にっぽり　じょうばんせん。けいせいせん。のりかえ

19

にっぽりえきと　うえのえきの　あいだは、
たくさんの　れっしゃ　でんしゃが　ならんで　はしる。

やまのてせん
そとまわり　でんしゃ

けいひんとうほくせん
でんしゃ

とうほくせん
583 けい　とっきゅう「はつかり

うぐいすだに

EF80 でんき きかんしゃ

じょうえつせん
153けい きゅうこう でんしゃ

じょうばんせん
103けい かいそく でんしゃ

じょうばんせん
453けい きゅうこう でんしゃ

やまのてせん
そとまわり でんしゃ

けいひんとうほくせん
でんしゃ

たかさきせん
115けい でんしゃ

じょうえつせん
183けい ふていき・とっきゅう「しらね」

じょうえつせん
181けい とっきゅう「とき」

じょうえつせん
ブルートレイン 20けい きゃくしゃ「ほくりく」

しんえつせん
169けい きゅうこう でんしゃ

じょうえつせん
きゅうこう でんしゃ

にもつ せんよう ホーム

うえの

とうほくせん。たかさきせん。じょうえつせん。しんえつせん。じょうばんせん。
けいせいせん。ちかてつ・ひびやせん　ぎんざせん。

のりかえ

ターミナル・うえのえき、こうか　3ばんホームに　つく。

たくさん　ならんだ　ホーム。

いろいろな　れっしゃ　でんしゃが、つぎから　つぎへと
はっちゃくしている。

うばんせん
い でんしゃ

じょうばんせん
453けい でんしゃ

じょうばんせん
かいそく でんしゃ

い しゅうがくりょこうがた
じ でんしゃ

とうほくせん
とっきゅう「ひばり」

じょうばんせん
485けい とっきゅう「ひたち」

たかさきせん
115けい でんしゃ

とうほくせん
EF58 でんききかんしゃ

じょうばんせん ブルートレイン
24けい きゃくしゃ「ゆうづる」

じょうばんせん
EF80 でんききかんしゃ

そうぶせん
でんしゃ

東京
TOKYO

特別快速

ちゅうおうせん
とくべつ かいそく でんしゃ

うえのえきを　でた　やまのてせんと
けいひんとうほくせんの　でんしゃは、こうかせんを
ならんで　はしる。
　あきはばらえきで、そうぶせんと　りったいこうさ。

おかちまち　　　　　あきはばら

そうぶせん。ちかてつ・ひびやせん
のりか

やまのてせん
そとまわり でんしゃ

けいひんとうほくせん
でんしゃ

ちゅうおうせん　とくべつかいそく　でんしゃと　あう。

かんだえきから　とうきょうえきへ、おなじかたの

３きょうだい　でんしゃが、なかよく　ならんで

きょうそうだ。

かんだ　ちゅうおうせん。ちかてつ・ぎんざせん。

のりかえ

ターミナル・とうきょうえき。
しんかんせんや　しんだいとっきゅうの
ブルートレインなど、いろいろな　れっしゃ
でんしゃが、はっちゃくしている。

けいひんとうほくせん
でんしゃ

やまのてせん
うちまわり でんしゃ

やまのてせん
そとまわり でんしゃ

ちゅうおうせん
かいそく でんしゃ

とうかいどうせん
113けい でんしゃ

とうきょう

とうかいどうせん。ちゅうおうせん。そうぶせん。
ちかてつ・まるのうちせん。　　　のりかえ

とうきょうえきを　でて、はままつちょうえきまで、
ビルのあいだを　こうかせんで　はしる。

とうかいどうせん
113けい でんしゃ

とうかいどうせん ブルートレイン
EF65 でんききかんしゃ「さくら」

EF 65 530

しんかんせん
「ひかり」

ゆうらくちょう　　ちかてつ・ゆうらくちょうせん。
　　　　　　　　　　　　のりかえ

しんばし　　とうかいどうせん。そうぶせん。
　　　　　　とえいちかてつ・1ごうせん。
　　　　　　ちかてつ・ぎんざせん。のりかえ

はままつちょうえきで、はねだくうこうから
きた　モノレール。
そのしたを　とおって　たまちえきへ。

とうきょうモノレール
500がた　でんしゃ

はままつちょう

とうきょうモノレール。
のりかえ

しんかんせん
「こだま」

たまちえきを　でて、ブルートレインが　やすんでいる
きゃくしゃくのよこを　とおって、
しながわえきに　つく。

ブルートレイン
20けい　きゃくしゃ

ブルートレイン
24けい 25がた　きゃくしゃ

ブルートレイン
20けい　きゃくしゃ

ブルートレイン
14けい　きゃくしゃ

たまち

山手線
YAMANOTE LINE
23
5

しゅうがくりょこうがた
でんしゃ

しながわ

しながわえきから　ひとまわり、
しながわえきまで　やく　1じかん。
また、ぐるぐる　まわる
やまのてせん　でんしゃ。

『でんしゃがはしる』特別復刊にあたって

　『でんしゃがはしる』は、山本忠敬さんが手掛けた乗り物絵本の中でもとりわけユニークな作品です。東京の中心を1周約1時間かけて回る「山手線」を主人公に、そこに並走したり交差したりするいろいろな電車を次々登場させ構成される15の場面は、見るものをワクワクさせます。

　1978年（「こどものとも」267号）刊行当時も、多くの乗り物好きの読者の方々から編集部に好評を寄せていただきました。ただ残念なことに、この絵本がノンフィクション仕立てであることから、電車に関する絵やキャプションなどの誤りについても多くのご指摘をいただくことになってしまい、編集部としては、言わばお蔵入りという形でこの作品の再刊を保留してまいりました。

　しかし、刊行から40年近く経っても、幼い頃出合ったこの絵本の楽しさを覚えてくださっている読者の方、そして新たに "山本忠敬の乗り物絵本" のファンになった方たちからも、『でんしゃがはしる』の再刊を望む声は寄せられ続けてきました。

　その間編集部では、もう一度この絵本を読者の手に届けられるかどうか、真摯に検討を重ねてまいりました。私たちは、山本忠敬さんの絵が乗り物好きの読者を惹きつけてやまないのは、何よりもご自身の乗り物を愛する気持ちがその絵にのり移っているからだということをよく知っています。また、私たちは、乗り物好きの子どもたちへの山本忠敬さんのあたたかで大らかなサービス精神をいつも肌で感じながら仕事をご一緒してきました。その乗り物たちは、1台1台人格を持つかのように、走ることの喜びを発散させながら、ある電車は画面から画面へ走り抜け、ある電車は読者に語りかけるように画面の奥から走ってくる……。

　編集部は、「山本忠敬生誕100年」を迎えるにあたって、『でんしゃがはしる』を「特別復刊版」として刊行し、読者のご要望にお応えしようという結論を出すに至りました。復刊の方針として、電車の形式などの文字の間違いは訂正する、しかし絵についてはご自身による訂正が叶わない以上1978年刊行のままにする、という考え方を採ることにしました。絵について、1970年半ば当時の状況と異なっている箇所は、ロマンスカーが新宿駅に入ってくる11ページや、京成電車が走っている19ページ、東京駅に電車が揃っている26〜27ページなどです。また、そのほか車体の細部についても、先に述べた理由で絵の訂正は行っていません。なにとぞご理解を賜りますよう、お願いいたします。

　この復刊によって、子どもから大人まで、乗り物好きの読者の皆さまが、改めて "山本忠敬の乗り物絵本" の楽しさのエッセンスを体験していただければ嬉しく思います。

2016年1月　福音館書店編集部